Impressum
Verlag: BABADADA GmbH, Nedderfeld 112 , 22529 Hamburg
Geschäftsführer / Verlagsleitung: Harald Hof
Druck: Books on Demand GmbH, In de Tarpen 42, 22848 Norderstedt

Imprint
Publisher: BABADADA GmbH, Nedderfeld 112 , 22529 Hamburg, Germany
Managing Director / Publishing direction: Harald Hof
Print: Books on Demand GmbH, In de Tarpen 42, 22848 Norderstedt, Germany

xue xiao

ښوونځی

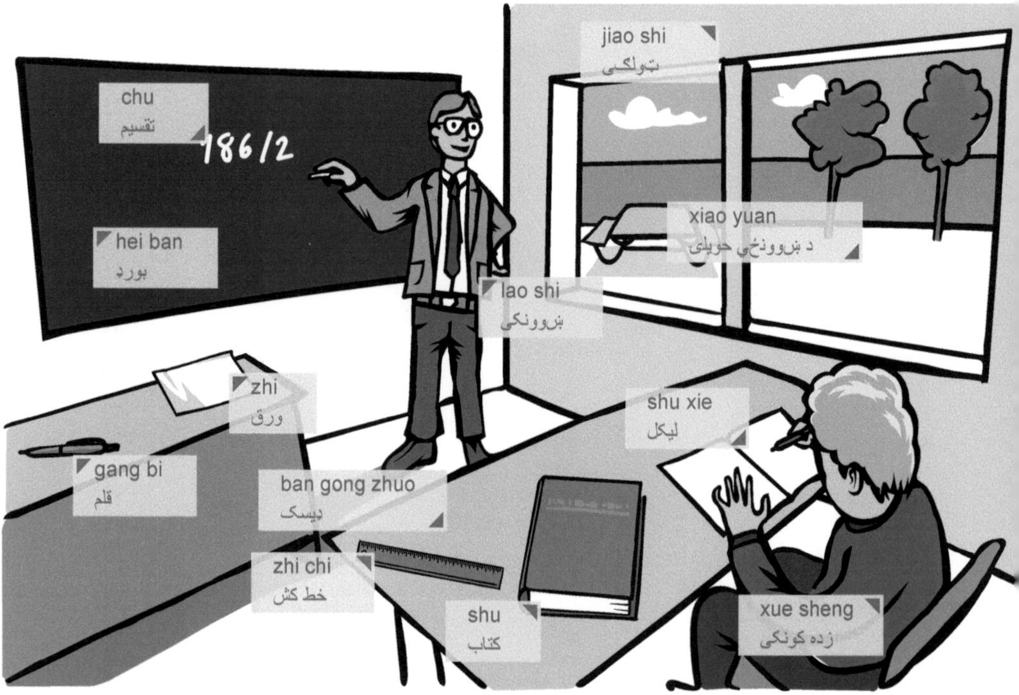

jiao shi
ټولګی
chu
تقسیم
186/2
xiao yuan
د ښوونځي حویلی
hei ban
بورډ
lao shi
ښوونکی
zhi
ورق
shu xie
لیکل
gang bi
قلم
ban gong zhuo
ډیسک
zhi chi
خط کش
shu
کتاب
xue sheng
زده کونکی

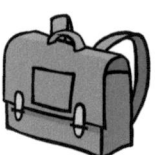

shu bao

کڅوړه

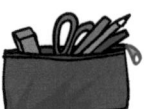

qian bi he

د پنسل بکسه

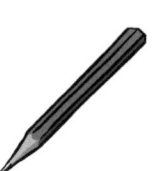

qian bi

پنسل

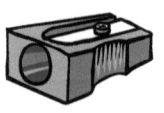

juan bi dao

پنسل تراش

xiang pi ca

ربړ

hua ban

د رسامۍ پاڼه

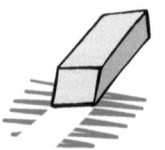

tu hua

رسامي

hua bi

د نقاشی برس

yan liao he

د نقاشی بکس

jian dao

قيچي

jiao shui

سریش

lian xi ce

د تمرین کتاب

jia ting zuo ye

کورنی دنده

shu zi

شمیر

jia

جمع

jian

منفي

cheng

ضرب

ji suan

حساب

zi mu

توری

zi mu biao

الفبا

zi

کلمه

ke wen

متن

du

لوستل

fen bi

تباشير

shang ke

درس

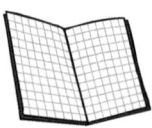

deng ji

راجستر

kao shi

ازموينه

zheng shu

تصديق پاڼه

xiao fu

د ښوونځي يونيفارم

jiao yu

تعليم

bai ke quan shu

دايره المعارف

da xue

پوهنتون

xian wei jing

مايكروسكوپ

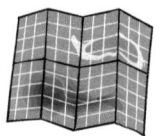

di tu

نقشه

fei zhi kuang

اشغالدانى

lü xing

سفر

jiu dian
هوټل
Grand
qing nian lü xing she
ليليه
ROOMS
wai bi dui huan chu
د اسعارو د تبادلي دفتر
EXCHANGE
shou ti xiang
بکس
qi che
موټر

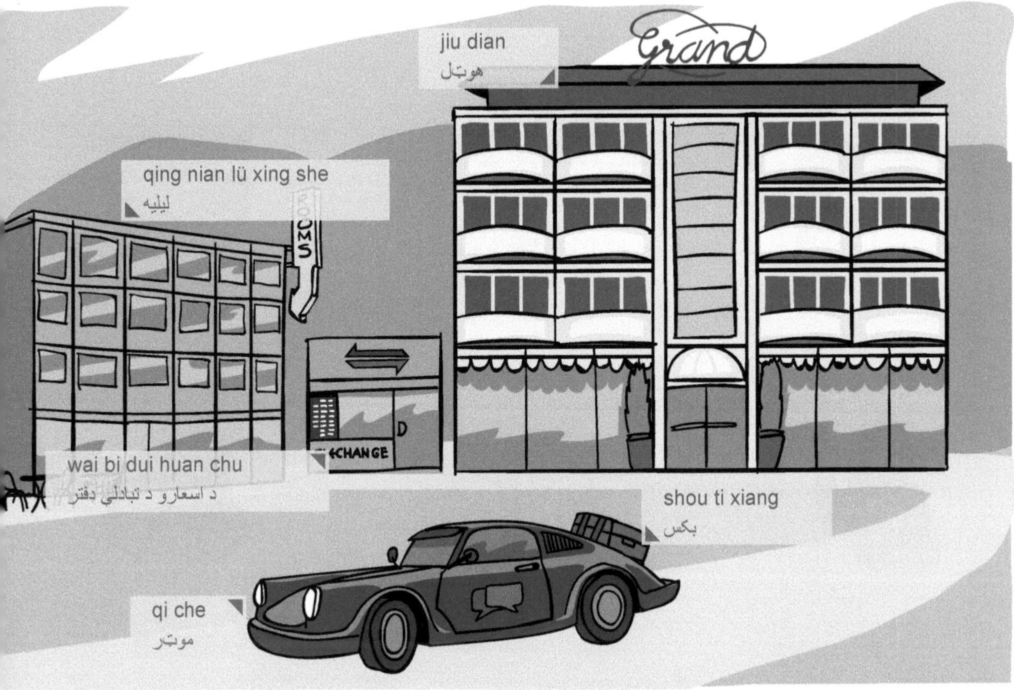

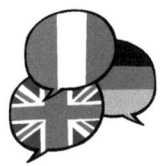

yu yan

ژبه

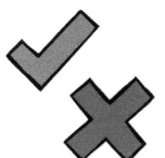

shi/fou

هو/نه

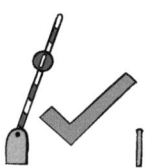

hao de

سمه ده

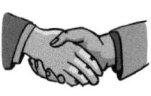

nin hao

سلام

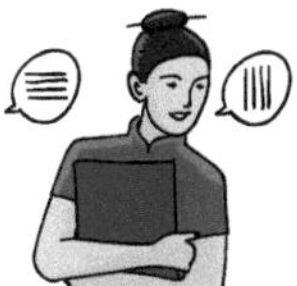

fan yi yuan

ژباړونکی

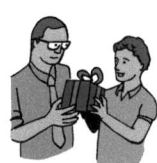

xie xie

مننه

......duo shao qian?

څومره دي...؟

wo bu ming bai

زه نه پوهیږم

wen ti

ستونزه

wan shang hao!

ماښام مو پخیر!

zao shang hao!

سهار په خیر!

wan an!

شپه په خیر!

zai jian

په مخه مو ښه

fang xiang

لارینود

xing li

سامان

bao

بیک

shuang jian bao

شاتنی بکس

ke ren

میلمه

fang jian

خونه

shui dai

د خوب کغوړه

zhang peng

خیمه

lü you xin xi

د توریزم معلومات

hai tan

ساحل

xin yong ka

کریدیت کارت

zao can

ناری

wu can

د غرمی خواړه

wan can

د ښپي خواړه

piao

تیکټ

dian ti

لفټ

you piao

مهر

bian jie

پوله

hai guan

ګمرک

da shi guan

سفارت

qian zheng

ویزه

hu zhao

پاسپورت

jiao tong yun shu

ټرانسپورټ

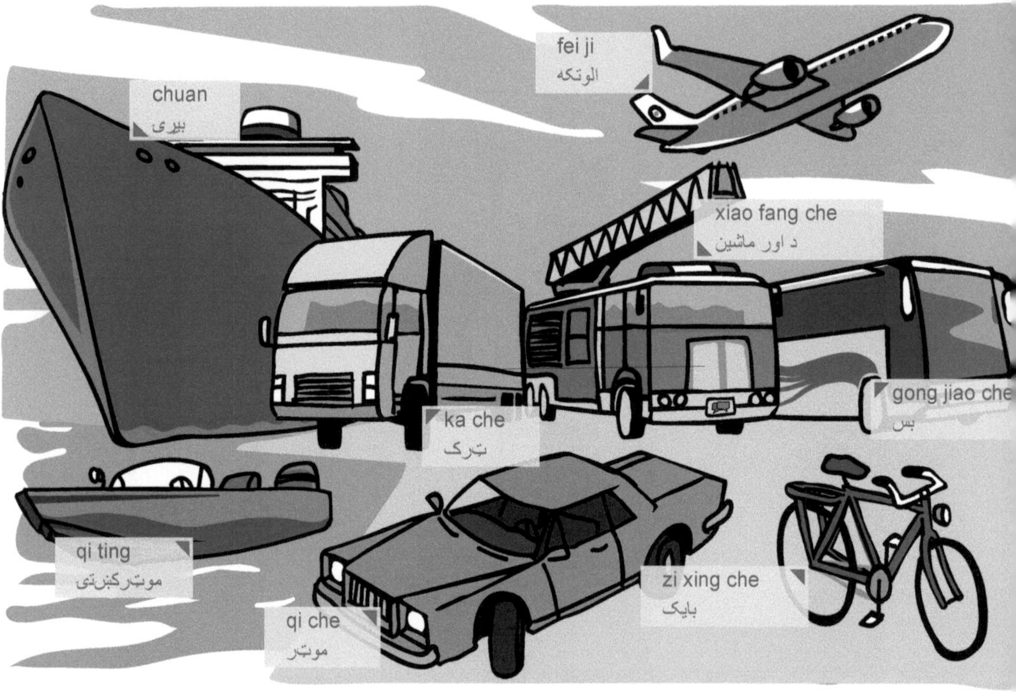
fei ji
الوتکه
chuan
بیړی
xiao fang che
د اور ماشین
ka che
ټرک
gong jiao che
بس
qi ting
موټرکښتی
zi xing che
بایک
qi che
موټر

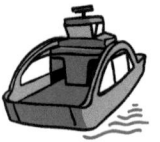

bai du chuan

کښتی

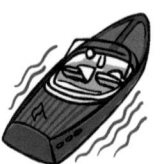

xiao chuan

کښتی

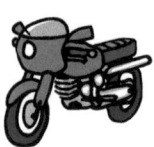

mo tuo che

موټرسایکل

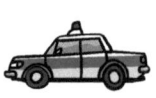

jing che

د پولیسو موټر

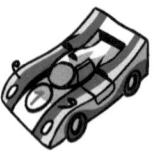

sai che

د ریس موټر

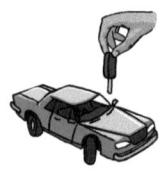

zu che

کرایی موټر

pin che

د کرايه موټري

tuo che

جرثقيل لرونکی ټرک

la ji che

ريفيوز ټرک

fa dong ji

موټر

qi you

سونګ ټوکي

jia you zhan

پټرول ستيشن

jiao tong biao zhi

ترافيکي نښه

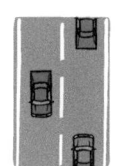

jiao tong

ترافيک

jiao tong du sai

جام ترافيک

ting che chang

د موټرو تمځای

huo che zhan

د ريل ستيشن

gui dao

پټتکي

huo che

ريل

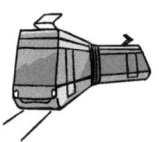

dian che

ټرام

huo che

واګون

zhi sheng ji

چورلکه

ji chang

هوايي ډگر

ta

برج

cheng ke

مسافر

ji zhuang xiang

کانتينر

zhi ban xiang

کارتون

shou tui che

کارت

lan zi

توکری

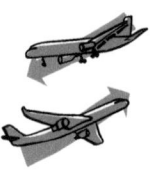

qi fei/jiang luo

الوتنه کول/کښيناستل

cheng shi

ښار

cun zhuang

کلی

shi zhong xin

د ښار مرکز

fang zi

کور

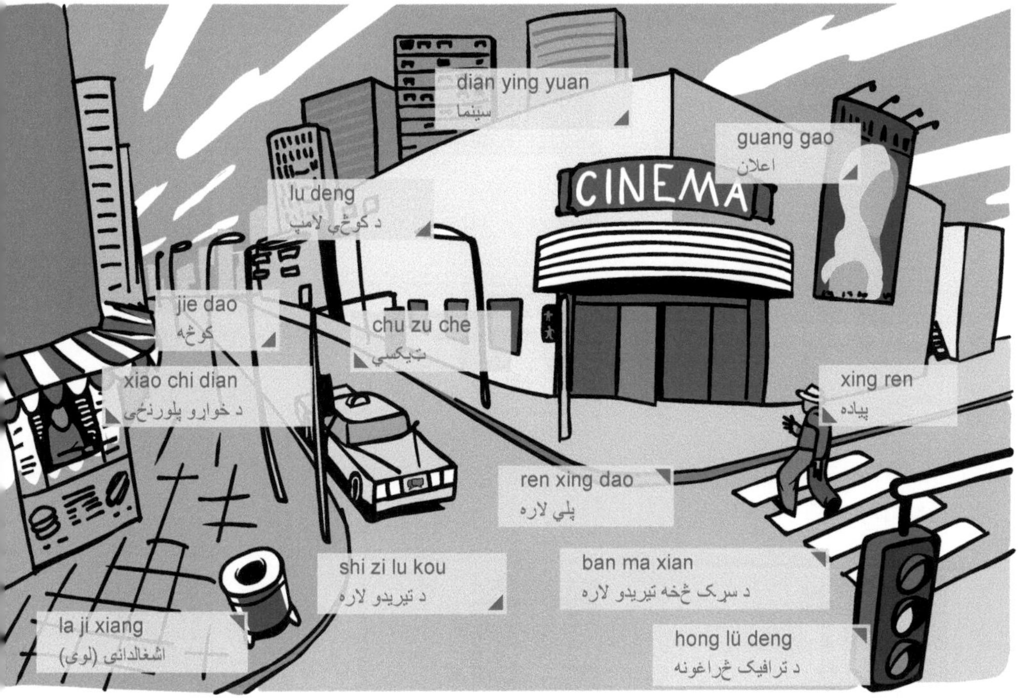

dian ying yuan
سینما

guang gao
اعلان

lu deng
د کوڅې لامپ

jie dao
کوڅه

chu zu che
ټیکسي

CINEMA

xing ren
پیاده

xiao chi dian
د خوارو پلورنځی

ren xing dao
پلي لاره

ban ma xian
د سرک څخه تیریدو لاره

shi zi lu kou
د تیریدو لاره

la ji xiang
اشغالدانئ (لوی)

hong lü deng
د ترافیک څراغونه

xiao wu

کودله

gong yu

اپارتمان

huo che zhan

د ریل سټیشن

shi zheng ting

ټاون هال

bo wu guan

میوزیم

xue xiao

ښوونځی

da xue

پوهنتون

yin hang

بانک

yi yuan

روغتون

jiu dian

هوټل

yao fang

درملتون

ban gong shi

دفتر

shu dian

کتاب پلورنځی

shang dian

پلورنځی

hua dian

د ګلانو پلورنځی

chao shi

لوی پلورنځی

shi chang

مارکیت

bai huo shang dian

د ډیپارتمنت سټور

yu dian

کب پلورنځی

gou wu zhong xin

د پلور مرکز

hai gang

لنګرتون

gong yuan

پارک

chang deng

بينچ

qiao

پل

lou ti

زينه

di tie

د ځمکې لاندي

sui dao

تونل

gong jiao che zhan

بس تمځای

jiu ba

بار

can guan

ريسټورانټ

you tong

پوست بکس

lu biao

د کوڅي نښه

ting che ji shi qi

د پارک کولو ميټر

dong wu yuan

ژوبڼ

you yong guan

د لامبو حوض

qing zhen si

مسجد

nong chang

كرونده

wu ran

ناپاکي

mu di

هدیره

jiao tang

چرچ

cao chang

د لوبو ډګر

si miao

معبد/کلیسا

di xing

منظره

shu ye
پاڼه

zhi shi pai
د لارښوونې نښه

lu
لاره

cao di
چمن

shi tou
کانی

shu
ونه

tu bu lü xing zhe
هیکر

he
سیند

cao
واښه

hua
ګل

xia gu

دره

shan

غوندی

hu

ناور

sen lin

ځنګل

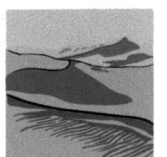

sha mo

دشته

huo shan

اورشیندی

cheng bao

کلا

cai hong

رنگین کمان

mo gu

مرخیړی

zong lü shu

پلم ونه

wen zi

ماشي

cang ying

الوتل

ma yi

میږی

mi feng

مچی

zhi zhu

غوندۀ/جولا

jia chong

كونگكت

qing wa

چونگبنژه

song shu

نولى

ci wei

زيرىكى

ye tu

سوى

mao tou ying

كونگ

niao

مرغى

tian e

قازە

ye zhu

نرخوك

lu

هوسدى

mi lu

گاۋزە

shui ba

بند

feng li fa dian ji

بادي توربين

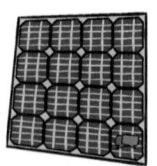

tai yang neng dian chi ban

سولر تختى

qi hou

اقليم

fu wu yuan
پیشخدمت

cai dan
مینو

yi zi
چوکی

tang
سوپ

pi sa bing
پیزا

can ju
پنډاخی، چاقو، کاشوغه

zhuo bu
د میز پوښتنه

qian cai
سټارټر

zhu cai
اصلي خواره

tian dian
شیریني

yin liao
څښاک

shi wu
خواره

ping zi
بوتل

kuai can

فاسټ فوډ

jie bian xiao chi

د کوڅۍ خواړه

cha hu

چای جوش

tang he

قندانی

yi fen fan cai

برخه

yi shi ka fei ji

اسپرسو مشين

gao jiao yi

لوړه چوکۍ

zhang dan

رسيد

tuo pan

مجمه

dao

چاکو

can cha

پنجه

shao zi

قاشق

cha chi

چای قاشق

can jin

سورويت

bo li bei

گلاس

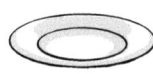

die zi

پلیټ

tang pan

د سوپ پلیټ

die zi

نالبکی

jiang

ساس

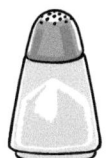

yan ping

مالګه شیندونکی

hu jiao mo

د مرچ ټکولو لوخی

cu

سرکه

shi yong you

غوړي

tiao wei liao

مساله

fan qie jiang

کچ اپ

jie mo

شرشم

dan huang jiang

چکه

chao shi

لوی پلورنځی

te jia
ځانګړی وړاندیز
gu ke
پیرودونکی
ru zhi pin
لبنیات
FOR
shui guo
میوه
gou wu che
لاسي څرخ

BUTCHERS

rou pu

قصابي

BAKERY

mian bao fang

نانوایی

cheng zhong

وزن کول

shu cai

سبزیجات

rou

غوښه

leng dong shi pin

کنګل خواړه

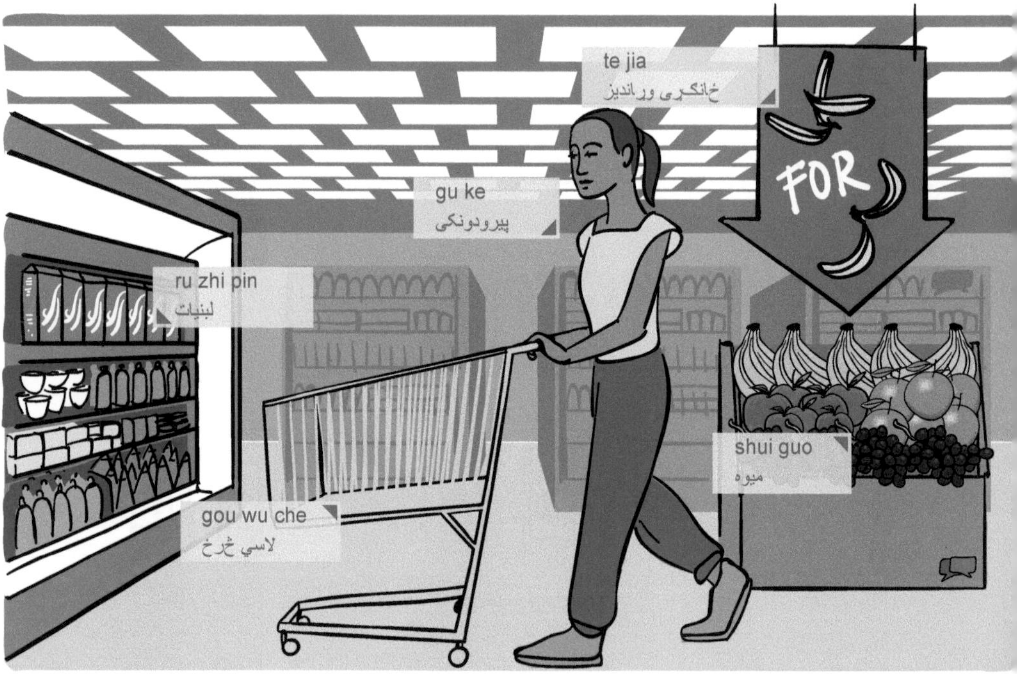

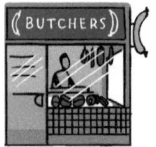

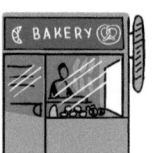

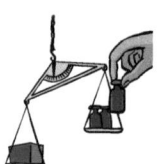

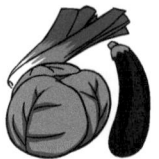

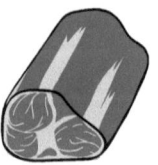

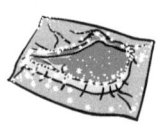

leng pan

يخه غوښه

guan tou shi pin

كنسروا خواره

xi yi fen

د مينځلو پودر

tian shi

شيريني

ri yong pin

كورني توليدات

qing jie yong pin

د پاكولو محصولات

xiao shou yuan

د پلور فرد

shou yin ji

د نغدي راجستر

shou yin yuan

صراف

gou wu qing dan

د پيرود ليست

kai fang shi jian

كاري ساعتونه

qian bao

بټوه

xin yong ka

كريدنيټ كارت

dai zi

كڅوړه

su liao dai

پلاستيک كڅوړه

shui

اوبه

guo zhi

جوس

niu nai

شیده

ke le

کوک

hong jiu

واین

pi jiu

بیر

jiu

الکول

ke ke

ککاو

cha

چای

ka fei

کافي

yi shi nong suo ka fei

اسپرسو

ka bu qi nuo

کپچینو

xiang jiao

كيله

ping guo

منه

cheng zi

نارنج

xi gua

هندوانه

ning meng

ليمو

hu luo bo

گازره

da suan

هوړه

zhu zi

بانكس

yang cong

پياز

mo gu

مرخيړي

jian guo

چغزی

mian tiao

آش

yi da li mian tiao

سپیگتي

mi fan

وریجي

sha la

سلاد

shu tiao

چپس

zha tu dou

سره کړي کچالو

pi sa bing

پیزا

han bao bao

همبرګر

san ming zhi

ساندویچ

zha zhu pai

کتزه

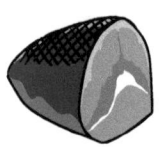

huo tui

د پتون غوښه

sa la mi

سلمي

xiang chang

ساسج

ji rou

چرګ

kao rou

روست

yu

کب

yan mai pian

د وربشي شيريني

mu zi li

موسلي

yu mi pian

د جوار پلی

mian fen

اوړه

yang jiao mian bao

کروسانت

mian bao juan

د ډوډۍ رول

mian bao

ډوډۍ

kao mian bao

ټوسټ

bing gan

بسکيټ

huang you

کوچ

ning ru

چکه

dan gao

کيک

dan

هګۍ

jian dan

پيښي هګۍ

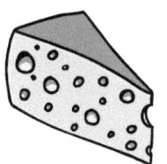

nai lao

پنير

bing ji lin

آیس کریم

tang

بوره

feng mi

شهد

guo jiang

مربا

qiao ke li jiang

نوگات کریم

ga li fan

کورکمان

nong chang

کرونده

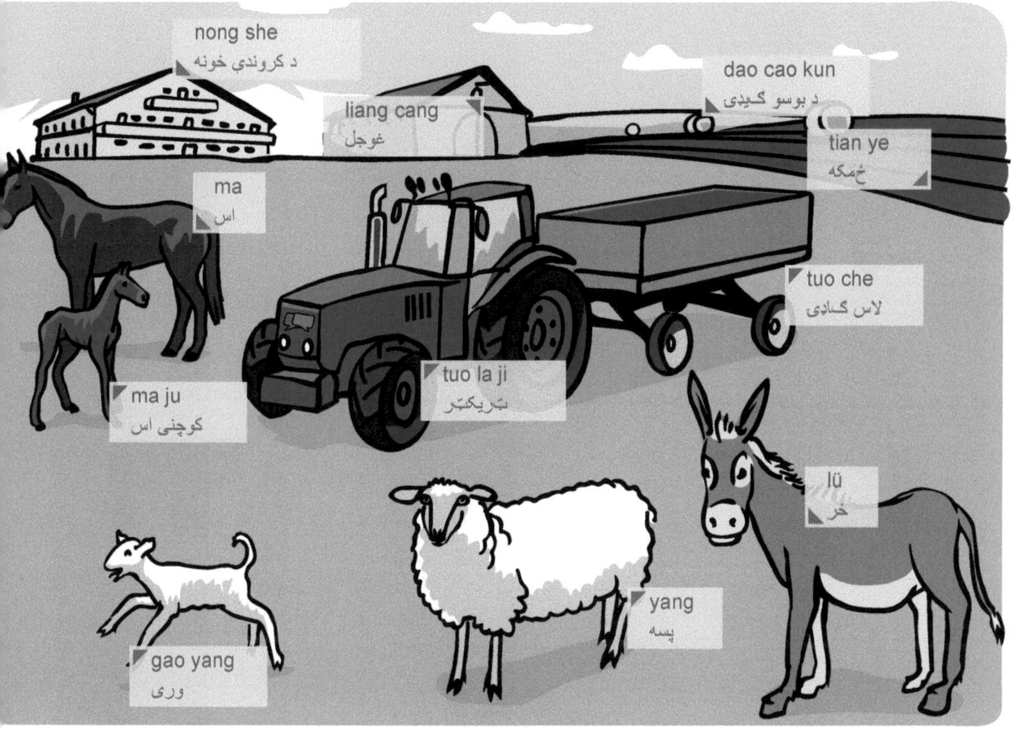
nong she
د کروندي خونه
liang cang
غوجل
dao cao kun
د بوسو گیدی
tian ye
ځمکه
ma
اس
tuo che
لاس گاډی
ma ju
کوچنی اس
tuo la ji
تریکتر
lü
خر
yang
پسه
gao yang
وری

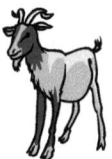

shan yang

وزه

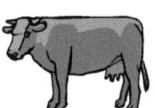

nai niu

غوا

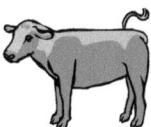

niu du

خوسکی

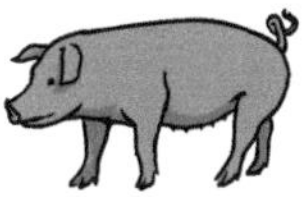

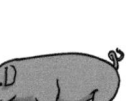

zhu

خوگ

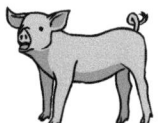

xiao zhu

د خوگ بچی

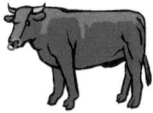

gong niu

غویی

e

بته

ya

هيلی

xiao ji

چرکورۍ

mu ji

چرګه

gong ji

بانګي

shu

سارای موږک

mao

پيشک

lao shu

موږک

niu

غويی

gou

سپی

gou wu

د سپي خونه

hua yuan jiao shui ruan guan

د باغ هوز

sa shui hu

د اوبو لوخی

chang bing da lian dao

لور (داس)

li

يوی

lian dao

لور

chu tou

رمبی

chang bing cao pa

بښاخی

fu tou

تبر

du lun shou tui che

کراچی

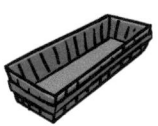

si liao cao

ناوه

niu nai guan

د شیدو لوخی

ma bu dai

جوال

zha lan

کتاره

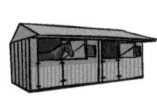

ma jiu

مضبوط

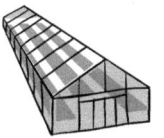

wen shi

ښنه خونه

tu rang

خاوره

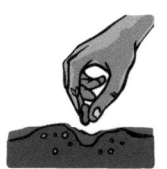

zhong zi

تخم

fei liao

سره/کود

lian he shou ge ji

کـد ریونکی ماشین

shou ge

زیرمه کول

shou ge

درمند

shan yao

خواږه کچالو

xiao mai

غنم

da dou

سویا

tu dou

کچالو

yu mi

جوار

you cai zi

نباتي تخم

guo shu

د میوي ونه

shu shu

مانیوک

gu wu

غله

fang zi

کور

yan cong
درځه
wu ding
بام
luo shui guan
ناودان
chuang hu
کړکۍ
men ling
د دروازې زنګ
che ku
ګراج
men
دروازه
la ji tong
اشغالدانی
xin xiang
د لیک بکس
hua yuan
باغ

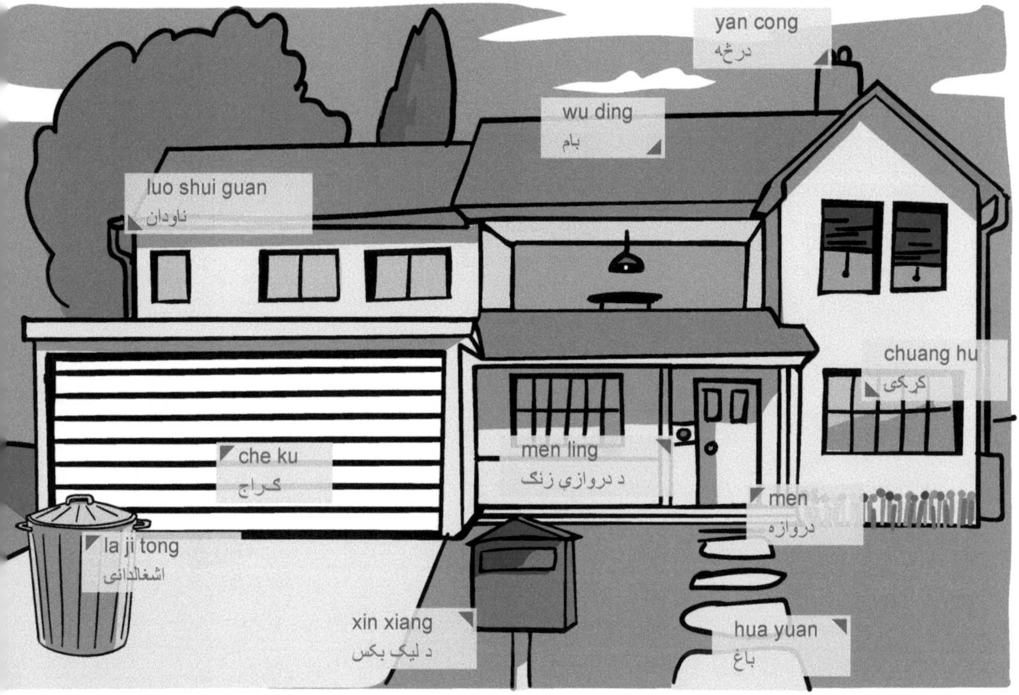

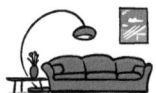

ke ting

د اوسیدو خونه

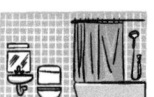

yu shi

حمام

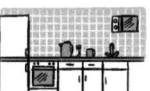

chu fang

پخلنځی

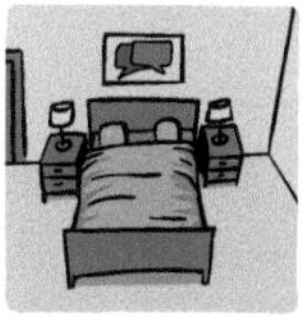

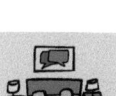

wo shi

د ویده کیدو خونه

er tong fang

د ماشوم خونه

can ting

د خوړو خونه

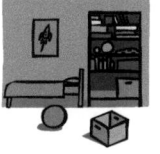

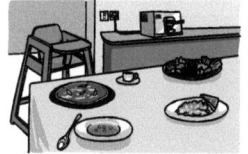

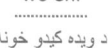

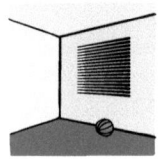

di ban

فرش

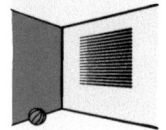

qiang bi

ديوال

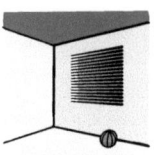

diao ding

چت

di jiao

زيرخانه

sang na

سونا

yang tai

بالكوني

lu tai

تراس

you yong chi

حوض

ge cao ji

د چمن وهلو ماشين

bei dan

شيت

chuang zhao

روجایی

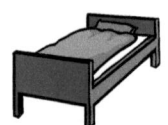

chuang

تخت

sao zhou

جارو

shui tong

بوکه

kai guan

سويچ

ke ting

د اوسیدو خونه

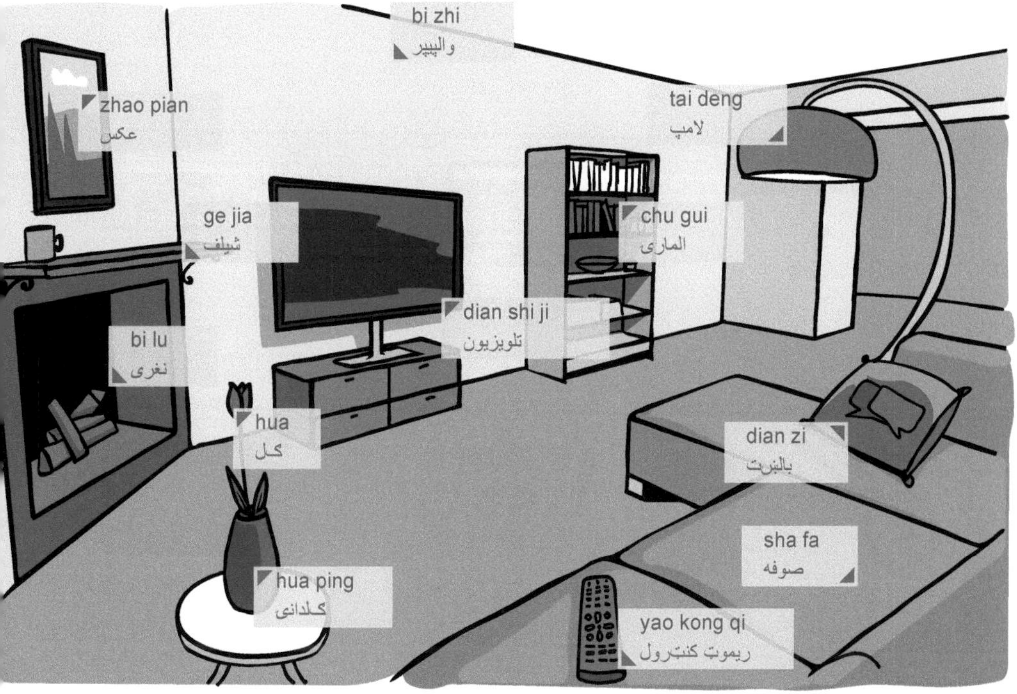

bi zhi
والپیپر
zhao pian
عکس
tai deng
لامپ
ge jia
شیلف
chu gui
الماری
dian shi ji
تلویزیون
bi lu
نغری
hua
ګـل
dian zi
بالښت
sha fa
صوفه
hua ping
ګلدانی
yao kong qi
ریموټ کنټرول

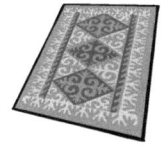

di tan

غالی

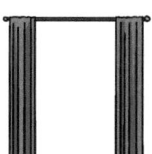

chuang lian

پرده

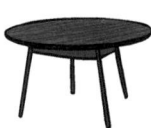

can zhuo

میز

yi zi

چوکی

yao yi

تاویدونکي چوکی

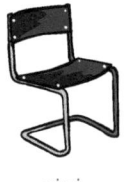

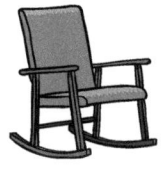

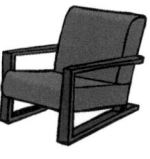

fu shou yi

بازو لرونکی چوکی

shu

كتاب

tan zi

كمپل

zhuang shi pin

ديكوريشن

mu chai

د اور لرګي

dian ying

فلم

gao bao zhen yin xiang

هايفاى

yao shi

كلي

bao zhi

ورځپاڼه

you hua

نقاشي

hai bao

پوستر

shou yin ji

راډيو

bi ji ben

كتابچه

xi chen qi

واكيوم جارو

xian ren zhang

كاكتوس

la zhu

شمع

chu fang
پخلنځی

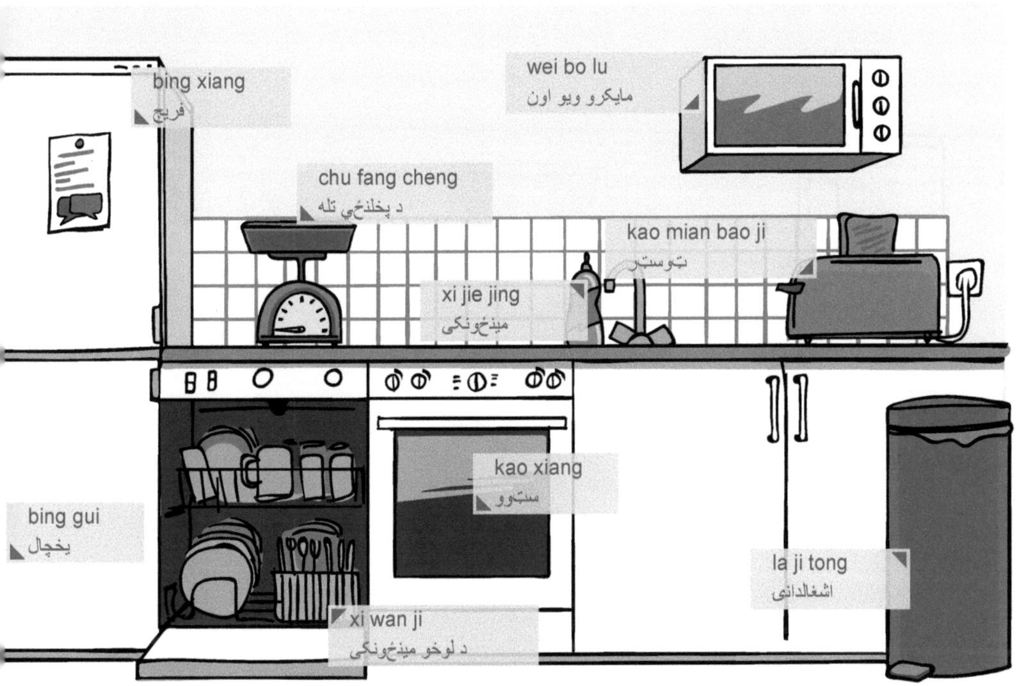
bing xiang
فریج
wei bo lu
مایکرو ویو اون
chu fang cheng
د پخلنځي تله
kao mian bao ji
ټوستر
xi jie jing
مینځونکی
bing gui
یخچال
kao xiang
سټوو
la ji tong
اشغالدانی
xi wan ji
د لوخو مینځونکی

chui ju

دیگ بخار

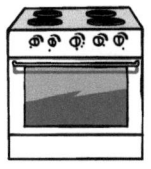

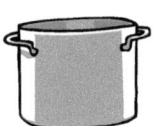

guo

لوخی

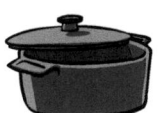

zhu tie guo

چدني لوخی

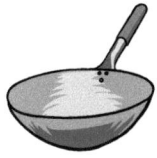

sha guo

ووک

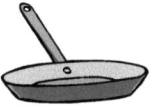

ping di guo

د تلي په

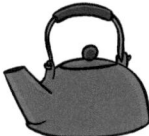

shui hu

چای جوش

zheng guo

د بخار ديگ

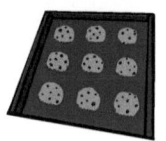

kao pan

پتنوس

tao ci guo

لوخي

ma ke bei

مگ

wan

كاسه

kuai zi

د رانيولو اوزار

chang bing shao

څمڅۍ

chan zi

كفګير

jiao ban qi

پاكونكى

lü wang

صافي

shai zi

غلبيل

mo sui ji

كريتر

yan bo

اونګ

shao kao

بار بي كيو

ming huo

خلاص اور

cai ban

تخته

gan mian zhang

هوارونکی

kai ping qi

کارک سکريو

guan zi

ټيم

kai ping qi

د ټيم خلاصونکی

ge re shou tao

د لوخي بَوټه

shui cao

ظرف ښوی

shua zi

برس

hai mian

سپنج

jiao ban ji

بليندر

leng cang xiang

ژور يخچال

nai ping

د ماشوم بوتل

shui long tou

نل

lin yu
شاور

gong nuan she bei
تودول

mao jin
جان پاک

yu lian
د شاور پرده

pao mo yu
بيل حمام

yu gang
د حمام تب

bo li bei
كلاس

xi yi ji
د مينځلو مشين

shui long tou
ټل

ci zhuan
ټايلونه

bian hu
يو دول كمود

shui cao
ظرف شوى

ce suo	dun bian qi	zuo yu qi
تشناب	فرشي كمود	كمود

xiao bian chi	ce zhi	ma tong shua
د متيازو خُاى	تشناب كاغذ	د تشناب برس

ya shua

د غاښونو برس

ya gao

د غاښونو کریم

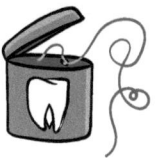

ya xian

د غاښونو نخ

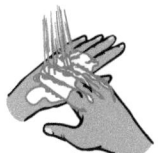

xi

مینځل

shou chi shi pen lin tou

لاسي شاور

chong xi qi

دوش

xi lian pen

خانک

ca bei shua

د شا برس

fei zao

صابون

mu yu lu

د شاور ژل

xi fa shui

شامپو

fa lan rong

فلانل جامه

pai shui

وچول

ru shuang

کریم

chu chou ji

سپری

jing zi

آینه

shou jing

لاسي آینه

ti xu dao

ریزر

ti xu pao mo

د خریلو فوم

xu hou shui

د خریلو وروسته

shu zi

ږمنځ

shua zi

برس

chui feng ji

د ویښتانو وچونکی

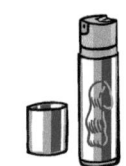

pen fa ding xing ji

د ویښتانو سپری

hua zhuang pin

میک اپ

chun gao

لیپ ستیک

zhi jia you

د نوکانو پالش

hua zhuang mian

کاتن وری

zhi jia jian

ناخن ګیر

xiang shui

عطر

xi shu bao

د مينځلو کڅوړه

deng zi

سټول

ji zhong cheng

د وزن کولو تله

yu pao

د حمام پوښاک

xiang jiao shou tao

د ربړ دستکش

wei sheng mian tiao

تَامپون

wei sheng jin

صحيی جان پاک

hua xue ce suo

کيميکل تشناب

er tong fang

د ماشوم خونه

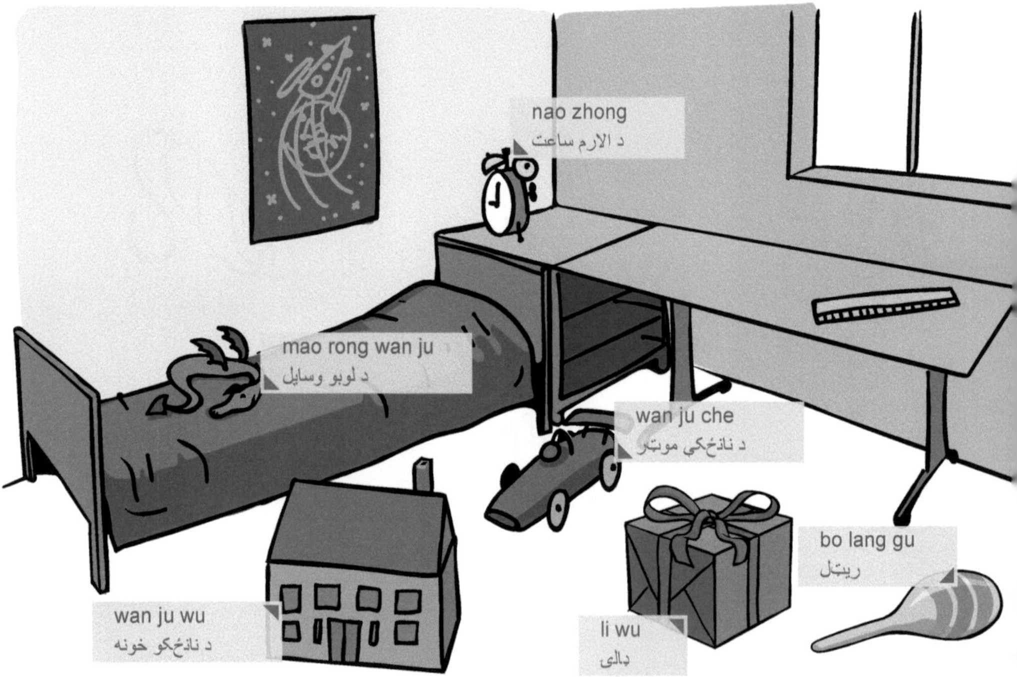
nao zhong
د الارم ساعت
mao rong wan ju
د لوبو وسايل
wan ju che
د نانځکي موټر
wan ju wu
د نانځکو خونه
li wu
ډالۍ
bo lang gu
ريټل

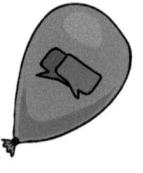

qi qiu

بالون

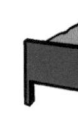

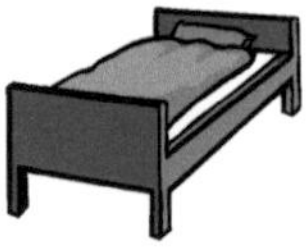

chuang

تخت

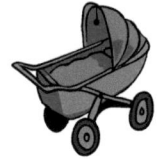

(yang wa wa yong)ying er che

کالسکه

pu ke pai

د لوبو ورقې

pin tu

جيګسا

SUPER MEGA

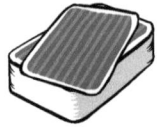

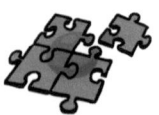

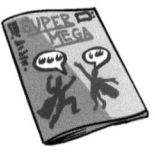

man hua

مسخره

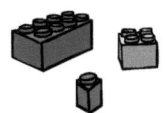

le gao ji mu

....

لیګو بریک

ji mu wan ju

....

د ناڅخکو بلاک

wan ju ren

....

د اکشن فیګور

ying er fu

....

د ماشوم پوښاک

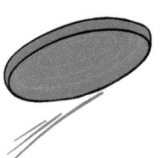

fei pan

....

فریزبي

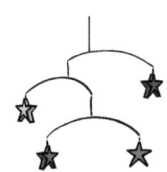

chuang ling wan ju

....

موبایل

qi pan you xi

....

بورډ لوبه

shai zi

....

تاس

huo che mo xing

....

ماډل ریل سیټ

an fu nai zui

....

ګونګشی

ju hui

....

پارټي

hui ben

....

د عکسونو البوم

qiu

....

بال

yang wa wa

....

ناڅخکه

wan

....

لوبیدل

sha keng

د شگو کنده

qiu qian

سوينگ

wan ju

ناڅخکي

you xi ji

د ويډيو لوبو کنسول

san lun che

ټرای سايکل

tai di xiong

ګوډکه

yi chu

د کالو الماری

yi fu

پوښاک

wa zi

جرابي

chang wa

لوړي جرابي

jin shen ku

ټايیټس

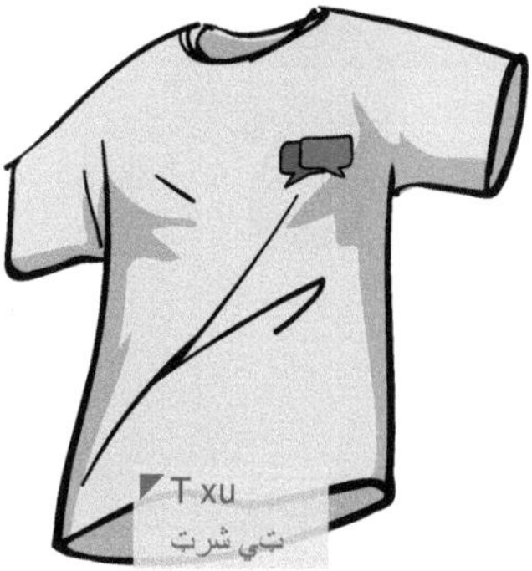

wei jin
زروکی

pi dai
کمربند

yu san
چتری

T xu
تي شرت

xue zi
بوټان

tuo xie
سلپر

yun dong xie
سنیکر

liang xie
....
سیندل

xie
....
بوټان

yu xue
....
د ریر بوټان

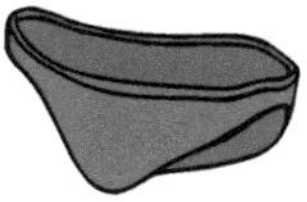

nei ku
....
زیرنینکري

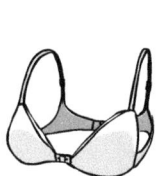

xiong zhao
....
سینه بند

bei xin
....
واسکټ

shen ti

بادي

ku zi

پتلون

niu zai ku

جينز

duan qun

لمن

nü shi chen shan

بلاوز

chen shan

شرت

tao tou shan

بنيان

wei yi

سويتر

xi zhuang jia ke

بليزر

jia ke

جاكټ

wai tao

كوت

yu yi

د باران كوت

tao zhuang

پوښاك

lian yi qun

كالي

hun sha

د واده پوښاك

xi zhuang

دريشي

shui pao

د شپې پوښاک

shui yi

پاجامه

sha li

ساړي

tou jin

لوپټه

bao tou jin

پټکی

bo ka

برقه

ka fu tan

کفتن

(a la bo shi)chang pao

عبا

yong yi

د لامبو پوښاک

nan shi yong ku

نيکر

duan ku

شارت

yun dong fu

د خځغاستي پوښاک

wei qun

پيش بند

shou tao

دستکش

niu kou

بتن

yan jing

عینک

shou lian

لاس بند

xiang lian

غاړه کۍ

jie zhi

گوتمه

er huan

غوږوالۍ

bian mao

خولۍ

yi jia

کوټ بند

mao zi

خولۍ

ling dai

نتايي

la lian

ځنځير

tou kui

هیلمیټ

bei dai

تړونکی

xiao fu

د ښوونځي یونیفارم

zhi fu

یونیفارم

wei dou

بيب

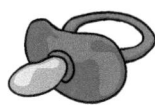

an fu nai zui

گونكشى

niao bu shi

نيپي

ban gong shi

دفتر

fu wu qi
سرور

wen jian gui
د دوسيه الماری

da yin ji
پرينتر

zhi
ورق

xian shi ping
مانيټور

shu biao
ماوس

ban gong zhuo
ډيسک

wen jian jia
فولډر

jian pan
كي بورد

fei zhi kuang
اشغالدانی

yi zi
چوکی

dian nao
كمپيوټر

ka fei bei

د كافي پياله

ji suan qi

كالكوليټر

yin te wang

انټرنيټ

bi ji ben dian nao

لپ ٹاپ

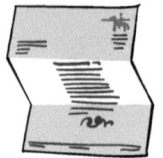

xin jian

لیک

xiao xi

پیغام

shou ji

موبایل

wang luo

نیٹورک

fu yin ji

فوٹوکاپیر

ruan jian

سافٹویر

dian hua

ٹیلیفون

cha zuo

پلگ ساکٹ

chuan zhen ji

فکس مشین

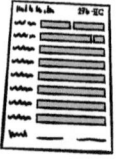

biao ge

فارم

wen jian

سند

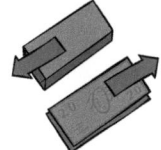

mai

پيرل

fu qian

تاديه کول

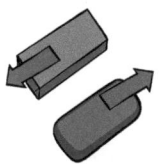

jiao yi

سوداگري کول

xian jin

پيسي

mei yuan

ډالر

ou yuan

يورو

ri yuan

ين

lu bu

ربل

rui shi fa lang

سويسي فرانک

ren min bi

رينمينبي يوان

lu bi

روپی

ti kuan chu

د نغدي پيسو خای

wai bi dui huan chu

د اسعارو د تبادلي دفتر

jin

سره زر

yin

سپین زر

shi you

تیل

neng yuan

انرژي

jia ge

نرخ

he tong

قرارداد

shui jin

مالیه

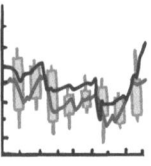

gu piao

اسهام

gong zuo

کار کول

zhi yuan

کارمند

lao ban

کار کومارونکی

gong chang

فابریکه

shang dian

پلورنځی

zhi ye

مسلکونه

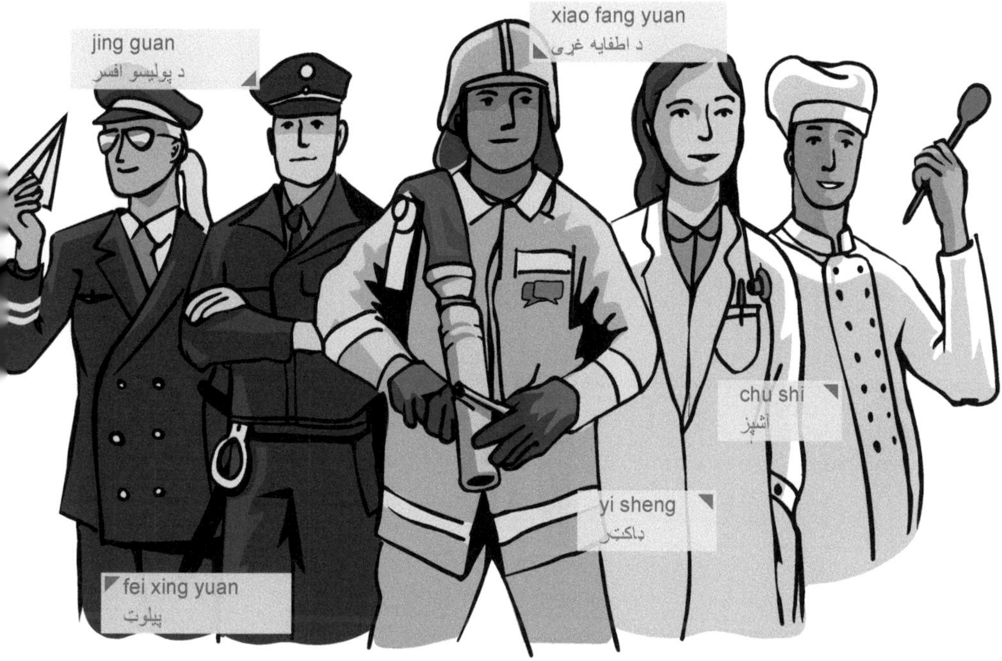

xiao fang yuan
د اطفایه غړی
jing guan
د پولیسو افسر
chu shi
آشپز
yi sheng
ډاکټر
fei xing yuan
پیلوټ

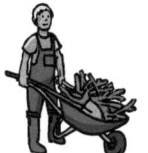

yuan ding

باغوان

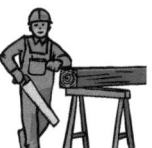

mu jiang

نجار

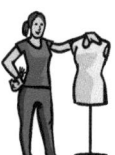

cai feng

خیاط

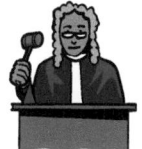

fa guan

قاضي

hua xue jia

کیمیا پوه

yan yuan

د فلم لوبغاړی

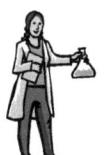

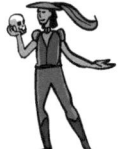

gong jiao che si ji

د بس درایور

chu zu che si ji

د ټیکسي درایور

yu fu

کب نیونکی

qing jie nü gong

خدمه

wu ding gong

بام جوړونکی

fu wu yuan

پیشخدمت

lie ren

ښکاري

hua jia

نقاش

mian bao shi

نانوا

dian gong

د برېښنا کارکونکی

jian zhu gong ren

تعمیر جوړونکی

gong cheng shi

انجنیر

tu fu

قصاب

shui guan gong

نلدوان

you di yuan

پوست رسونکی

shi bing

سرتيری

jian zhu shi

مهندس

shou yin yuan

صراف

hua nong

مالیار

li fa shi

نایی

shou piao yuan

کلیندر

ji xie shi

میکانیک

chuan zhang

کپتان

ya yi

د غاښونو ډاکتر

ke xue jia

ساینس پوه

la bi

ښاغلی

yi ma mu

امام

he shang

مذهبي نفر

mu shi

پادري

gong ju
لوازم

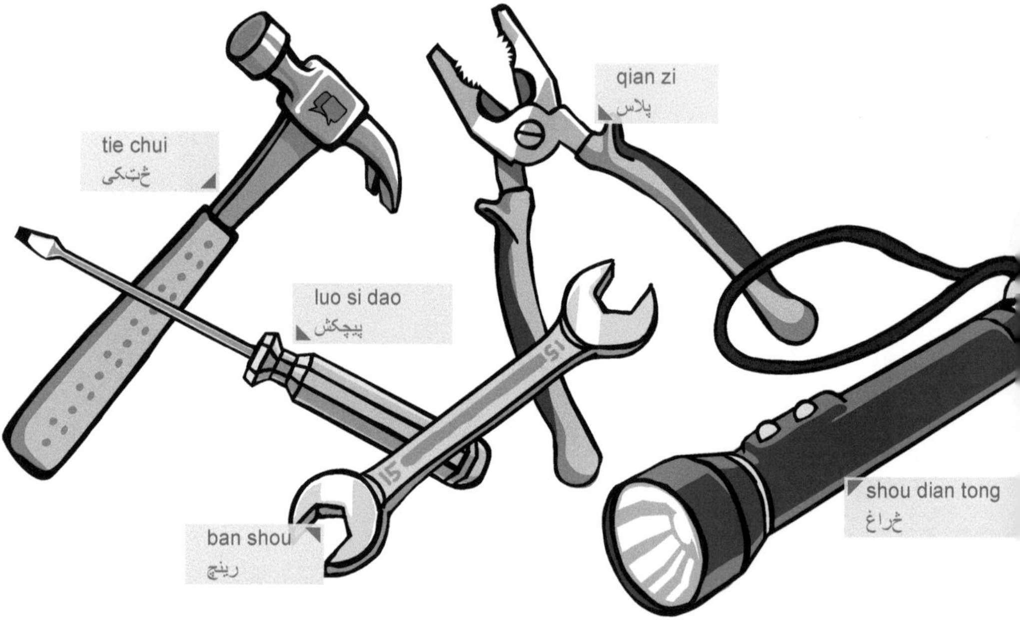
tie chui
څټکی
qian zi
پلاس
luo si dao
پیچکش
ban shou
رینچ
shou dian tong
څراغ

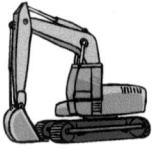

wa jue ji

کنستونکی

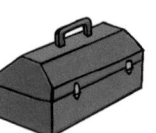

gong ju xiang

د لوازمو بکس

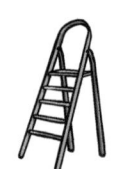

ti zi

زینه

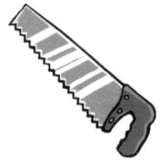

ju zi

اره

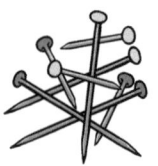

ding zi

میخونه

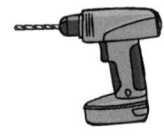

zuan ji

برمه

xiu

ترمیم کول

chan zi

بیل

kao!

لعنت!

bo ji

خاک انداز

you qi tong

مشوانئ

luo si

پیچونه

yue qi

د میوزیک آلات

yang sheng qi
لاود سپیکر

da ji yue qi
درم سیټ

di yin ti qin
کنتربیاس

xiao hao
تروميپت

ji ta
گیتار

gang qin

پیانو

xiao ti qin

وایلن

bei si

باس

ding yin gu

نغاره

gu

درمونه

dian zi qin

كي بورد

sa ke si guan

سيكسافون

chang di

شپیلی

mai ke feng

مايكروفون

dong wu yuan

ژوبڼ

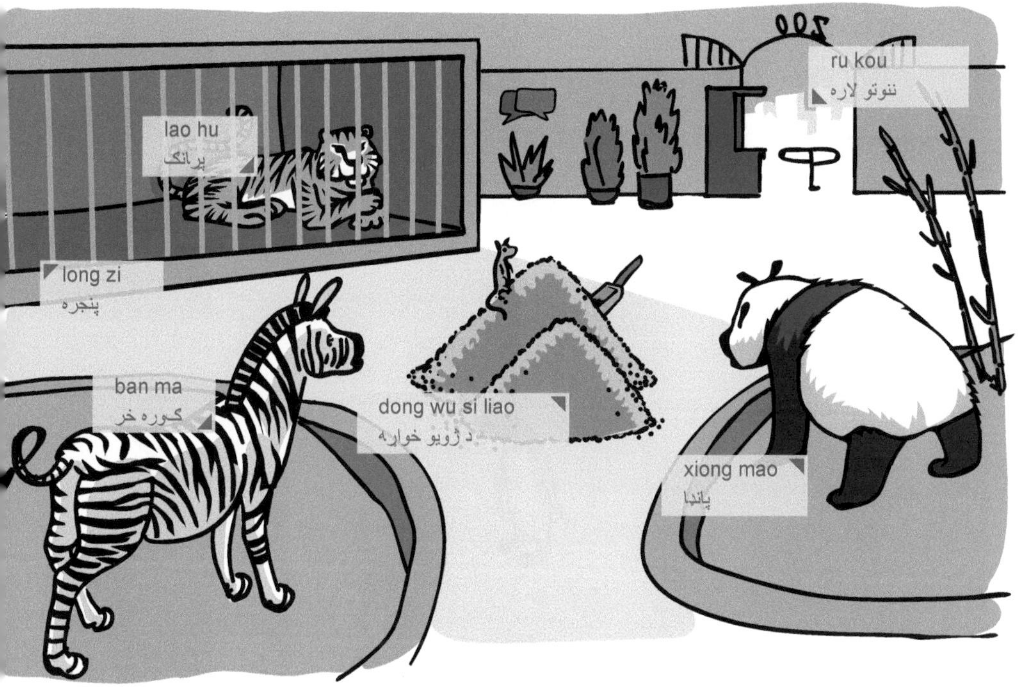
ru kou
ننوتو لاره
lao hu
پړانګ
long zi
پنجره
ban ma
ګوره خر
dong wu si liao
د ژویو خواره
xiong mao
پاندا

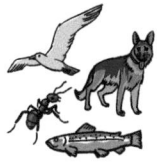

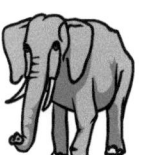

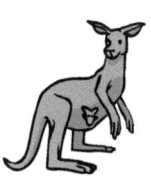

dong wu

ژوی

da xiang

هاتي

dai shu

کنګرو

xi niu

د اوبو اسپ

da xing xing

ګوریلا

xiong

ایره

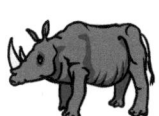

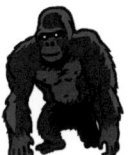

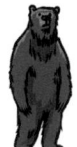

luo tuo

اوښ

tuo niao

شترمرغ

shi zi

زمرى

hou zi

بيزو

huo lie niao

غزى

ying wu

طوطي

bei ji xiong

قطبي ايږه

qi e

پينگوين

sha yu

شارک

kong que

طاوس

she

مار

e yu

تمساح

dong wu yuan guan li yuan

ژوبڼ ساتونکى

hai bao

سيل

mei zhou bao

جګوار

ai zhong ma

يابو

bao

پرانگ

he ma

هيپو

chang jing lu

زرافه

lao ying

باز

ye zhu

نرخوگ

yu

كب

gui

شمشتی

hai xiang

سمندري نولی

hu li

گيدره

ling yang

هوسی

gan lan qiu
امریکایی فټبال

qi zi xing che
سایکل چلول

wang qiu
ټینیس

lan qiu
باسکیټبال

you yong
لامبو

quan ji
باکسینګ

bing qiu
د کنګل هاکي

ying shi zu qiu

فټبال

yu mao qiu

کسیزه

tian jing

د خُغاستی لوبي

shou qiu

د هندبال

hua xue

سکي

ma qiu

پولو

huo dong
فعالیتونه

tiao
ټوپ وهل
yong bao
غاړه ورکول
xiao
خندل
chang
سندرې ویل
zou lu
ګرځیدل
zuo meng
خوب لیدل
qi dao
عبادت کول
qin wen
مچو کول

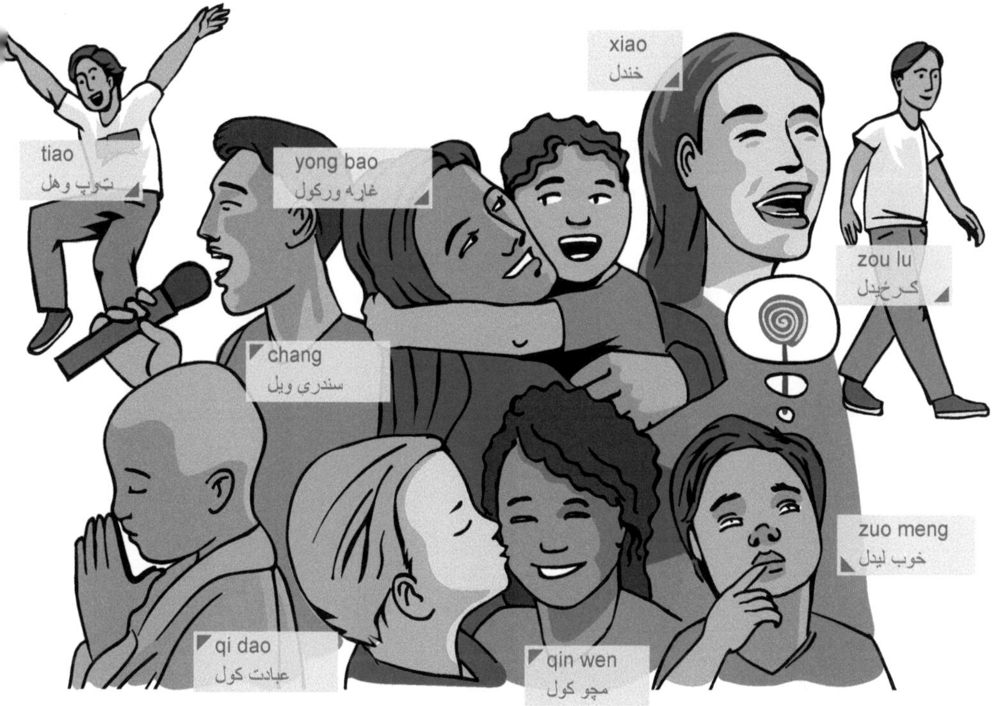

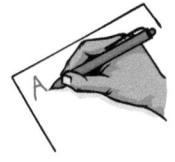

shu xie

لیکل

hua

کښل

zhan shi

ښودل

tui

ټیله کول

gei

ورکول

na

اخیستل

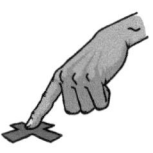

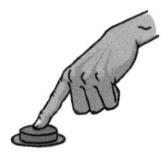

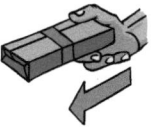

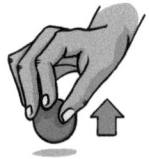

you

درلودل

zuo

کول

dang

پلایېدل

zhan

ودرېدل

pao

منډي وهل

la

راکښل

reng

ګوزارل

shuai dao

لوېدل

tang

څملاستل

deng dai

انتظار کول

xie dai

ورل

zuo

کښېناستل

chuan yi

پوښاک اغوستل

shui jiao

ویده کیدل

xing lai

پاڅیدل

kan

كتل

ku

ژړل

fu mo

بريد کول

shu tou

ګمنځ کول

jiao tan

خبري کول

ming bai

پوهيدل

wen

غوښتل

ting

اوريدل

he

څښل

chi

خورل

qing li

پاکول

ai

مينه کول

zuo fan

پخلی کول

kai che

موټر چلول

fei

الوتل

hang xing

بېرى چلول

ji suan

حساب

du

لوستل

xue xi

زده کول

gong zuo

کار کول

jie hun

واده کول

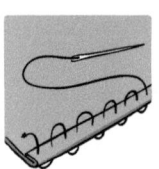

feng

ګنډل

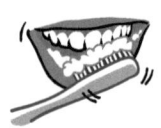

shua ya

د غاښونو برس کول

sha

وژل

chou yan

سګرټ څښل

ji

لېږل

zu mu
نیا

zu fu
نیکه

fu qin
پلار

mu qin
مور

ying tong
ماشوم

nü er
لور

er zi
زوی

ke ren

میلمه

a yi

ترور

shu shu

کاکا/ماما

xiong di

ورور

jie mei

خور

shen ti

بدن

qian e
تندی
yan jing
سترګي
jian bang
اوږه
shou zhi
ګوته
lian
مخ
xia ba
زنه
shou
لاس
tui
پښه
ru fang
سینه
shou bi
مټ

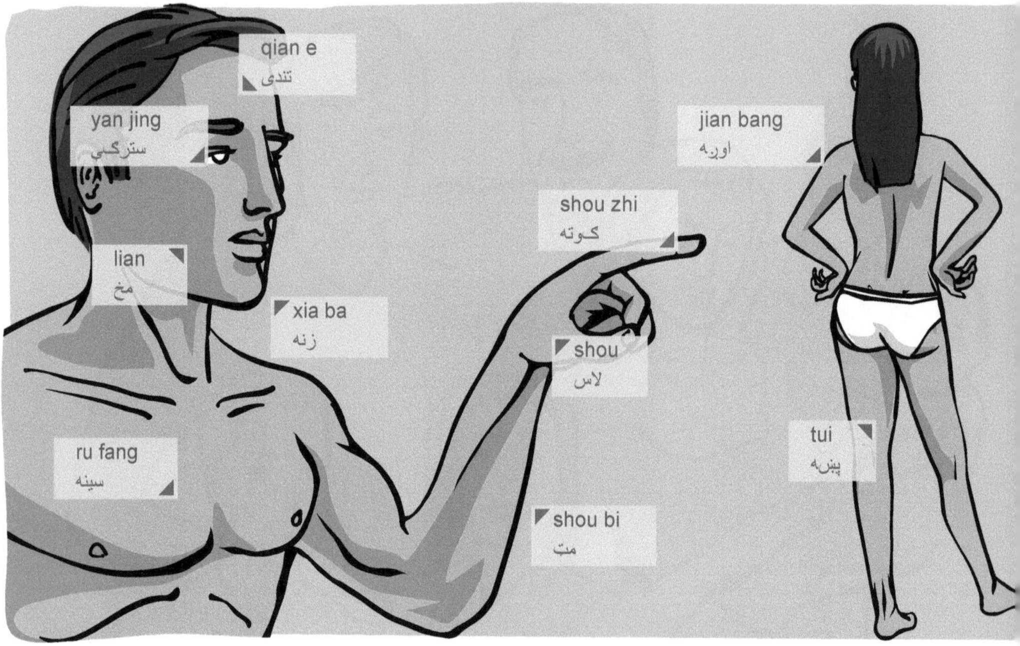

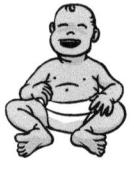

ying tong

ماشوم

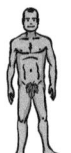

nan ren

سړی

nü ren

ښځه

nü hai

انجلۍ

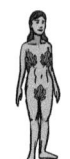

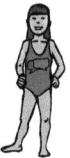

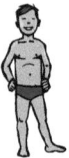

nan hai

هلک

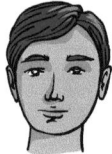

tou

سر

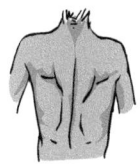

bei bu

شا

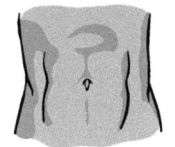

du zi

خیټه

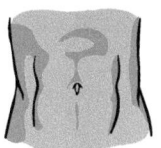

du qi

نوم

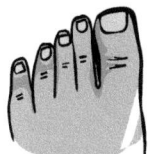

jiao zhi

د پښې ګوته

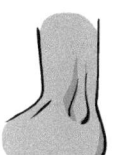

jiao hou gen

پونده

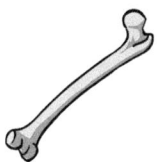

gu tou

هډوکی

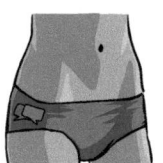

tun bu

کوناټی

xi gai

زنګون

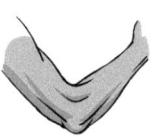

shou zhou

څنګل

bi zi

پوزه

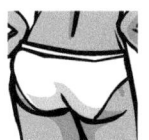

pi gu

لاندي برخه

pi fu

پوټکی

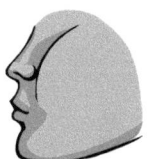

lian jia

غومبوری

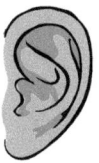

er duo

غوږ

zui chun

شونډه

zui

خوله

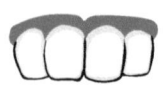

ya chi

غاښ

she tou

ژبه

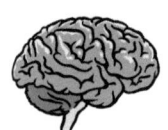

nao

مغز

xin zang

زړه

ji rou

عضله

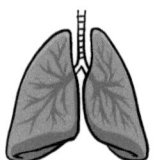

fei

سږری

gan zang

ځيګر

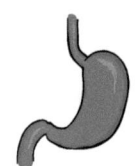

wei

معده

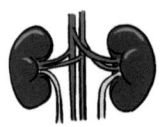

shen zang

پښتورګي

xing jiao

جنسي نږدي والی

bi yun tao

کاندوم

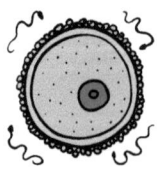

luan zi

تخمه

jing zi

مني

huai yun

حمل

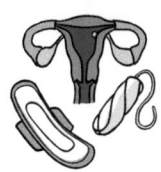

yue jing

حيض

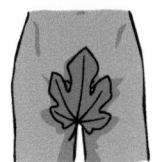

yin dao

مهبل

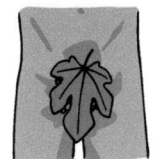

yin jing

د نارينه تناسلي آله

mei mao

وروځی

tou fa

ويښته

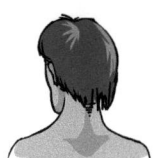

bo zi

غاړه

yi yuan
روغتون

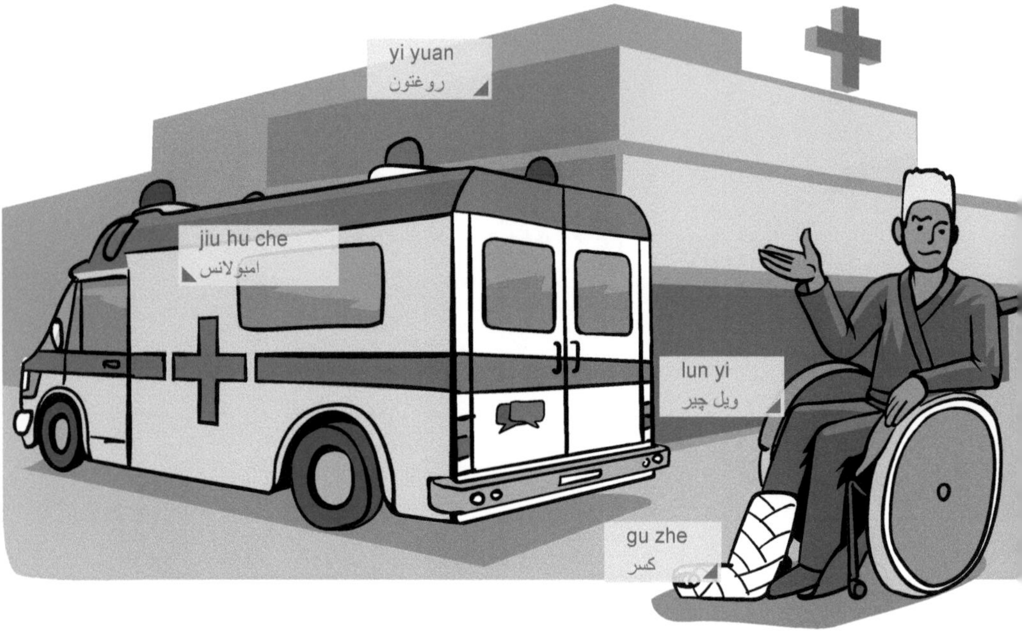

yi yuan
روغتون
jiu hu che
امبولانس
lun yi
ویل چیر
gu zhe
کسر

yi sheng
ډاکټر

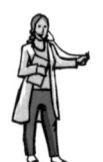

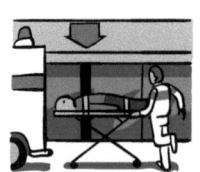

ji zhen shi
عاجل خونه

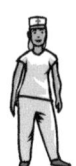

hu shi
رنځورپال

jin ji qing kuang
عاجل

hun mi
بې هوش

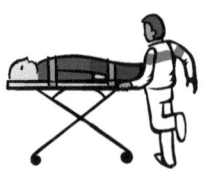

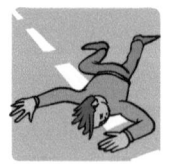

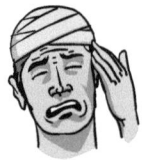

tong
درد

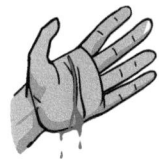

shou shang

پټ

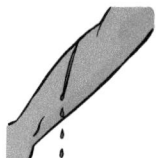

chu xue

وينه تويدل

xin zang bing fa zuo

د زره حمله

zhong feng

ضرب

guo min

حساسيت

ke sou

ټوخى

fa shao

تبه

liu gan

انفلوينزا

fu xie

نس ناستى

tou tong

سر درد

ai zheng

سرطان

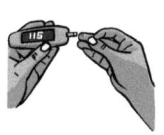

tang niao bing

شكر

wai ke yi sheng

جراح

shou shu dao

سكالپل

shou shu

عمليات

CT

سيرتي

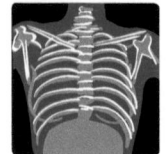

X guang

ايکس ری

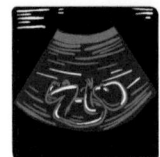

chao sheng bo

الترااساوند

kou zhao

د مخ ماسک

ji bing

ناروغي

hou zhen shi

انتظار خونه

guai zhang

امسآ

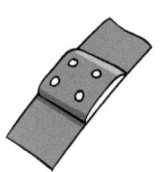

shi gao

پلستر

beng dai

بنداژ

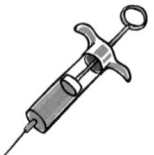

zhu she

تزریق

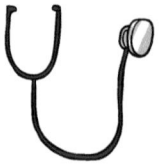

ting zhen qi

ستاتسکوپ

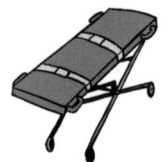

dan jia

تسکیره

ti wen ji

کلينکي ترماميتر

chu sheng

زیزرون

chao zhong

زیات وزن

zhu ting qi

د اوريدو مرسته

xiao du ye

د عفونيت څخه پاکونکي مواد

gan ran

عفونيت

bing du

ويروس

ai zi bing

ايچ.آی.وی\ايدز

yao wu

درمل

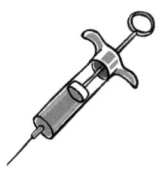

jie zhong yi miao

واکسين

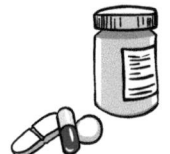

yao pian

ت.ابلیت.س

yao wan

کولی

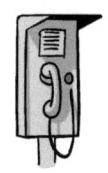

ji jiu dian hua

عاجل تليفون

xue ya ji

د ويني د فشار څارونکی

sheng bing/jian kang

ناروغ\روغ

jiu ming!

مرسته!

jing bao

الارم

tu ji

يرغل

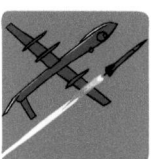

gong ji

بريد

wei xian

خطر

jin ji chu kou

عاجل لاره

zhao huo la!

اور!

mie huo qi

د اور وژونکی

yi wai

پیښه

ji jiu xiang

د لومړی مرستې لوازم

hu jiu xin hao

ایس.او.ایس

jing cha

پوليس

ou zhou

اروپا

bei mei zhou

شمالي امريکا

nan mei zhou

سهيلي امريکا

fei zhou

افريقا

ya zhou

آسيا

ao zhou

آسټريليا

da xi yang

اتلانتيک

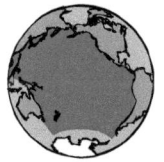

tai ping yang

پاسيفيک

yin du yang

د هند بحر

nan bing yang

جنوبي منجمد بحر

bei bing yang

د شمال قطب بحر

bei ji

شمالي قطب

nan ji
سهيلي قطب

nan ji zhou
انتارکتیکا

di qiu
خُمکه

lu di
خُمکه

hai
بحر

dao
تہاپو

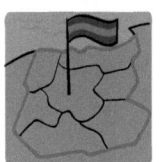

guo jia
ملت

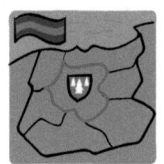

guo jia
دولت

zhong mian

د مخي ساعت

shi zhen

د ساعت ستنه

fen zhen

د دقيقي ستنه

miao zhen

د ثانيي ستنه

xian zai ji dian?

څه وخت دی؟

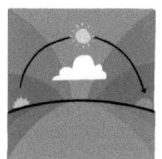

tian

ورځ

shi jian

وخت

xian zai

اوس

dian zi biao

ديجيټل ساعت

fen

دقيقه

shi

ساعت

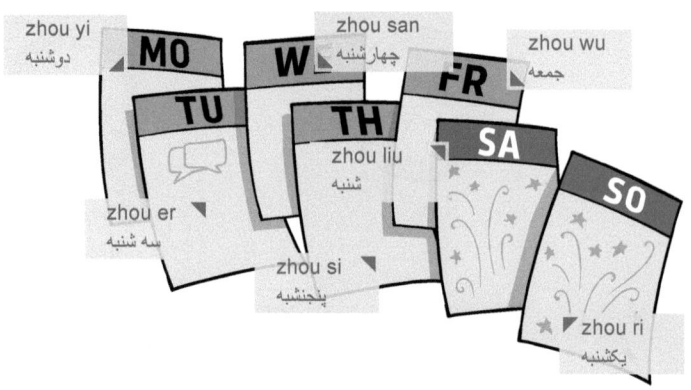

zhou yi
دوشنبه

zhou san
چهارشنبه

zhou wu
جمعه

zhou er
سه شنبه

zhou liu
شنبه

zhou si
پنجشنبه

zhou ri
یکشنبه

zuo tian

پرون

jin tian

نن

ming tian

سبا

zao chen

سهار

zhong wu

غرمه

wan shang

ماښام

MO	TU	WE	TH	FR	SA	SU
1	2	3	4	5	6	7
8	9	10	11	12	13	14
15	16	17	18	19	20	21
22	23	24	25	26	27	28
29	30	31	1	2	3	4

gong zuo ri

کاري ورځې

MO	TU	WE	TH	FR	SA	SU
1	2	3	4	5	6	7
8	9	10	11	12	13	14
15	16	17	18	19	20	21
22	23	24	25	26	27	28
29	30	31	1	2	3	4

zhou mo

د اونۍ پای

nian

کال

yu
باران
cai hong
رنګين کمان
feng
باد
xue
واوره
chun
پسرلی
xia
اوړی
qiu
منی
dong
ژمی

4.APRIL 11°
5.APRIL 4°
6.APRIL 13°
7.APRIL 8°
8.APRIL 10°

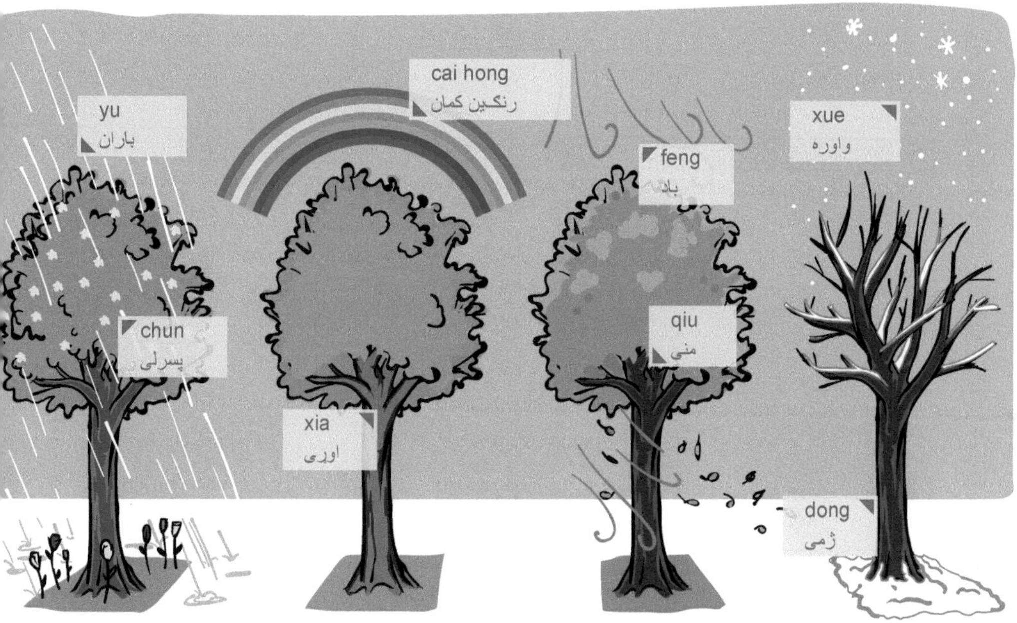

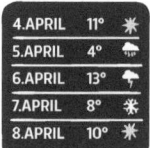

tian qi yu bao

د موسم وړاندوينه

F
C
120
90
60
30
0
-30
40
30
20
10
0
-10
-20

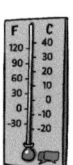

wen du ji

ترموميټر

yang guang

د لمر وړانګې

yun

وريځ

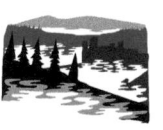

wu

لړه

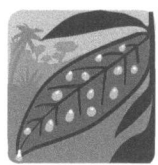

chao shi

رطوبت

shan dian

رنا

da lei

تندر

feng bao

توفان

bing bao

ژلی وریدل

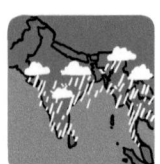

ji feng

مون سون باران

hong shui

سیلاب

bing

يخ

yi yue

جنوري

er yue

فبروري

san yue

مارچ

si yue

اپريل

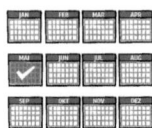

wu yue

مى

liu yue

جون

qi yue

جولاى

ba yue

اکست

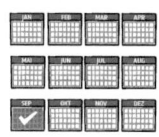

jiu yue
....
سپتمبر

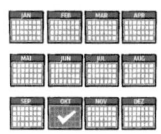

shi yue
....
اکتوبر

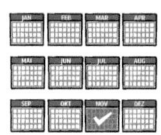

shi yi yue
....
نومبر

shi er yue
....
دسمبر

xing zhuang
شکلونه

yuan xing
....
دايره

zheng fang xing
....
مربع

chang fang xing
....
مستطيل

san jiao xing
....
مثلث

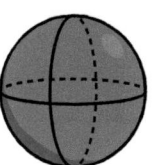

qiu ti
....
توپ

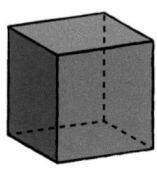

li fang ti
....
فال

yan se

رنگونه

bai

سپين

huang

ژيړ

cheng

نارنجي

fen

ګلابي

hong

سور

zi

ارغواني

lan

نيلي

lü

شين

zong

نسواري

hui

خړ

hei

تور

84

hen duo/shao xu

خورا ډير/خورا لږ

sheng qi/ping jing

قار/ارام

mei/chou

ښکلی/بدشکله

shou/wei

پیل/پای

da/xiao

لوی/کوچنی

ming/an

روښانه/تیاره

xiong di/jie mei

ورور/خور

gan jing/ang zang

پاک/ککر

wan zheng/que shi

مکمل/نامکمل

bai tian/wan shang

ورځ/شپه

si/sheng

مراژوندی

kuan/zhai

پراخه/انری

ke shi yong/fei shi yong

د خوراک وړ/نه خوړل کیدونکی

xie e/shan liang

بد/مهربان

xing fen/wu liao

پاریدلی/بی خونده

pang/shou

چاق/وچ

di yi/zui hou

لومړی/وروستی

peng you/di ren

ملګری/دښمن

man/kong

ډک/تش

ying/ruan

سخت/نرم

zhong/qing

دروند/سپک

e/ke

لوږه/تنده

sheng bing/jian kang

ناروغ/روغ

fei fa/he fa

غیرقانوني/قانوني

cong ming/yu ben

هوښیار/ساده

zuo/you

کیڼ/ښی

jin/yuan

نږدې/لری

xin/jiu

نويلا/زور

mei you/you xie

هيخ/يوخْه

lao/you

بدا/خوان

kai/guan

چالا/د/بند

da kai/he shang

خلاص/اترلى

an jing/chao nao

غليا/ور غير

fu/qiong

بدايه/غريب

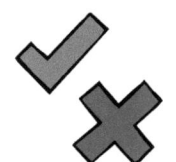

dui/cuo

صحيد/غلط

cu cao/guang hua

زير/ملايم

shang xin/gao xing

خفه/خوش

duan/chang

لند/اورد

man/kuai

سست/گرندى

shi/gan

لوند/اوچ

wen nuan/liang shuang

گرم/يخ

zhan zheng/he ping

جگره/سوله

0
ling
صفر

1
yi
يو

2
er
دوه

3
san
درې

4
si
څلور

5
wu
پنځه

6
liu
شپږ

7
qi
اوه

8
ba
اته

9
jiu
نهه

10
shi
لس

11
shi yi
يولس

12
shi er

سلود

13
shi san

سلراید

14
shi si

سلراوخ

15
shi wu

سلخنپ

16
shi liu

سراپش

17
shi qi

سلوو

18
shi ba

سلتا

19
shi jiu

سلون

20
er shi

لش

100
bai

لس

1.000
qian

رز

1.000.000
bai wan

نويليم

ying yu

انگلسي

mei shi ying yu

امريکايي انگلسي

pu tong hua

چينايي مندرين

yin di yu

هندي

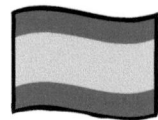

xi ban ya yu

هسپانوي

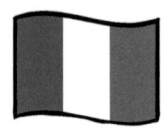

fa yu

فرانسوي

a la bo yu

عربي

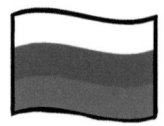

e yu

روسي

pu tao ya yu

پرتګالي

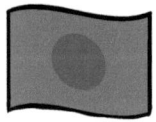

feng jia la yu

بنګالي

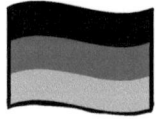

de yu

آلماني

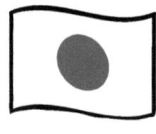

ri yu

جاپاني

wo

زه

ni

ته

ta/ta/ta

هغه/دغه/دا

wo men

موږ

ni men

تاسي

ta men

دوی/هغوی

shei?

څوک؟

shen me?

څه؟

zen yang?

څنګه؟

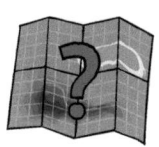

na li?

چيري؟

shen me shi hou?

کله؟

ming zi

نوم

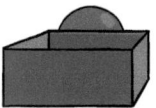

hou mian

شاته

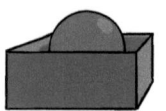

li mian

په

qian mian

په مخه کي

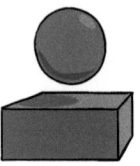

shang fang

باندي

shang mian

په

xia mian

لاندي

pang bian

برسیره پر

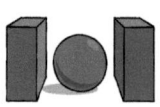

zhong jian

ترمینځ

di dian

ځای